The Atlanta Hawks Suck:
The Honest Truth about the Hawks
By: Jim Smith

Prologue: A History

The Hawks Suck. The Hawks Suck.

The Hawks Suck. The Hawks Suck.

The Hawks Suck. The Hawks Suck.

The Hawks Suck. The Hawks Suck. The Hawks Suck. The
Hawks Suck. The Hawks Suck. The Hawks Suck. The Hawks
Suck. The Hawks Suck. The Hawks Suck. The Hawks Suck.
The Hawks Suck. The Hawks Suck. The Hawks Suck. The
Hawks Suck. The Hawks Suck. The Hawks Suck. The Hawks
Suck. The Hawks Suck. The Hawks Suck. The Hawks Suck.
The Hawks Suck. The Hawks Suck. The Hawks Suck. The
Hawks Suck. The Hawks Suck. The Hawks Suck. The Hawks
Suck. The Hawks Suck. The Hawks Suck. The Hawks Suck.
The Hawks Suck. The Hawks Suck. The Hawks Suck. The
Hawks Suck. The Hawks Suck. The Hawks Suck. The Hawks
Suck. The Hawks Suck. The Hawks Suck. The Hawks Suck.
The Hawks Suck. The Hawks Suck. The Hawks Suck. The
Hawks Suck. The Hawks Suck. The Hawks Suck. The Hawks
Suck. The Hawks Suck. The Hawks Suck. The Hawks Suck.
The Hawks Suck. The Hawks Suck. The Hawks Suck. The
Hawks Suck. The Hawks Suck. The Hawks Suck. The Hawks
Suck. The Hawks Suck. The Hawks Suck. The Hawks Suck.
The Hawks Suck. The Hawks Suck. The Hawks Suck. The
Hawks Suck. The Hawks Suck. The Hawks Suck. The Hawks
Suck. The Hawks Suck. The Hawks Suck. The Hawks Suck.
The Hawks Suck. The Hawks Suck.

Chapter 1: The Hawks Suck

The Hawks Suck. The Hawks Suck.

The Hawks Suck. The Hawks Suck.

The Hawks Suck. The Hawks Suck. The Hawks Suck. The
Hawks Suck. The Hawks Suck. The Hawks Suck. The Hawks
Suck. The Hawks Suck. The Hawks Suck. The Hawks Suck.
The Hawks Suck. The Hawks Suck. The Hawks Suck. The
Hawks Suck. The Hawks Suck. The Hawks Suck. The Hawks
Suck. The Hawks Suck. The Hawks Suck. The Hawks Suck.
The Hawks Suck. The Hawks Suck. The Hawks Suck. The
Hawks Suck. The Hawks Suck. The Hawks Suck. The Hawks
Suck. The Hawks Suck. The Hawks Suck. The Hawks Suck.
The Hawks Suck. The Hawks Suck. The Hawks Suck. The
Hawks Suck. The Hawks Suck. The Hawks Suck. The Hawks
Suck. The Hawks Suck. The Hawks Suck. The Hawks Suck.
The Hawks Suck. The Hawks Suck. The Hawks Suck. The
Hawks Suck. The Hawks Suck. The Hawks Suck. The Hawks
Suck. The Hawks Suck. The Hawks Suck. The Hawks Suck.
The Hawks Suck. The Hawks Suck. The Hawks Suck. The
Hawks Suck. The Hawks Suck. The Hawks Suck. The Hawks
Suck. The Hawks Suck. The Hawks Suck. The Hawks Suck.
The Hawks Suck. The Hawks Suck. The Hawks Suck. The
Hawks Suck. The Hawks Suck. The Hawks Suck. The Hawks
Suck. The Hawks Suck. The Hawks Suck. The Hawks Suck.
The Hawks Suck. The Hawks Suck. The Hawks Suck. The
Hawks Suck. The Hawks Suck. The Hawks Suck. The Hawks
Suck. The Hawks Suck. The Hawks Suck. The Hawks Suck.
The Hawks Suck. The Hawks Suck. The Hawks Suck. The
Hawks Suck. The Hawks Suck. The Hawks Suck. The Hawks
Suck. The Hawks Suck. The Hawks Suck. The Hawks Suck.
The Hawks Suck. The Hawks Suck. The Hawks Suck. The
Hawks Suck. The Hawks Suck. The Hawks Suck. The Hawks
Suck. The Hawks Suck. The Hawks Suck. The Hawks Suck.
The Hawks Suck. The Hawks Suck. The Hawks Suck. The
Hawks Suck. The Hawks Suck. The Hawks Suck. The Hawks
Suck. The Hawks Suck. The Hawks Suck. The Hawks Suck.

The Hawks Suck. The Hawks Suck.

The Hawks Suck. The Hawks Suck.

The Hawks Suck. The Hawks Suck.

The Hawks Suck. The Hawks Suck.

Chapter 2: Do the Hawks Still Suck?

The Hawks Suck. The Hawks Suck.

The Hawks Suck. The Hawks Suck.

The Hawks Suck. The Hawks Suck.

The Hawks Suck. The Hawks Suck.

The Hawks Suck. The Hawks Suck.

The Hawks Suck. The Hawks Suck. The Hawks Suck. The
Hawks Suck. The Hawks Suck. The Hawks Suck. The Hawks
Suck. The Hawks Suck. The Hawks Suck. The Hawks Suck.
The Hawks Suck. The Hawks Suck. The Hawks Suck. The
Hawks Suck. The Hawks Suck. The Hawks Suck. The Hawks
Suck. The Hawks Suck. The Hawks Suck. The Hawks Suck.
The Hawks Suck. The Hawks Suck. The Hawks Suck. The
Hawks Suck. The Hawks Suck. The Hawks Suck. The Hawks
Suck. The Hawks Suck. The Hawks Suck. The Hawks Suck.
The Hawks Suck. The Hawks Suck. The Hawks Suck. The
Hawks Suck. The Hawks Suck. The Hawks Suck. The Hawks
Suck. The Hawks Suck. The Hawks Suck. The Hawks Suck.
The Hawks Suck. The Hawks Suck. The Hawks Suck. The
Hawks Suck. The Hawks Suck. The Hawks Suck. The Hawks
Suck. The Hawks Suck. The Hawks Suck. The Hawks Suck.
The Hawks Suck. The Hawks Suck. The Hawks Suck. The
Hawks Suck. The Hawks Suck. The Hawks Suck. The Hawks
Suck. The Hawks Suck. The Hawks Suck. The Hawks Suck.
The Hawks Suck. The Hawks Suck. The Hawks Suck. The
Hawks Suck. The Hawks Suck. The Hawks Suck. The Hawks
Suck. The Hawks Suck. The Hawks Suck. The Hawks Suck.
The Hawks Suck. The Hawks Suck. The Hawks Suck. The
Hawks Suck. The Hawks Suck. The Hawks Suck. The Hawks
Suck. The Hawks Suck. The Hawks Suck. The Hawks Suck.
The Hawks Suck. The Hawks Suck. The Hawks Suck. The
Hawks Suck. The Hawks Suck. The Hawks Suck. The Hawks
Suck. The Hawks Suck. The Hawks Suck. The Hawks Suck.
The Hawks Suck. The Hawks Suck. The Hawks Suck. The
Hawks Suck. The Hawks Suck. The Hawks Suck. The Hawks
Suck. The Hawks Suck. The Hawks Suck. The Hawks Suck.
The Hawks Suck. The Hawks Suck. The Hawks Suck. The
Hawks Suck. The Hawks Suck. The Hawks Suck. The Hawks
Suck. The Hawks Suck. The Hawks Suck. The Hawks Suck.

The Hawks Suck. The Hawks Suck.

The Hawks Suck. The Hawks Suck.

The Hawks Suck. The Hawks Suck.

Chapter 3: Still?

The Hawks Suck. The Hawks Suck.

The Hawks Suck. The Hawks Suck.

The Hawks Suck. The Hawks Suck.

Chapter 4: Always?

The Hawks Suck. The Hawks Suck.

The Hawks Suck. The Hawks Suck.

The Hawks Suck. The Hawks Suck.

The Hawks Suck. The Hawks Suck.

The Hawks Suck. The Hawks Suck.

The Hawks Suck. The Hawks Suck.

The Hawks Suck. The Hawks Suck.

The Hawks Suck. The Hawks Suck.

The Hawks Suck. The Hawks Suck.

Chapter 5: Are you sure?

The Hawks Suck. The Hawks Suck.

The Hawks Suck. The Hawks Suck.

The Hawks Suck. The Hawks Suck.

The Hawks Suck. The Hawks Suck. The Hawks Suck. The
Hawks Suck. The Hawks Suck. The Hawks Suck. The Hawks
Suck. The Hawks Suck. The Hawks Suck. The Hawks Suck.
The Hawks Suck. The Hawks Suck. The Hawks Suck. The
Hawks Suck. The Hawks Suck. The Hawks Suck. The Hawks
Suck. The Hawks Suck. The Hawks Suck. The Hawks Suck.
The Hawks Suck. The Hawks Suck. The Hawks Suck. The
Hawks Suck. The Hawks Suck. The Hawks Suck. The Hawks
Suck. The Hawks Suck. The Hawks Suck. The Hawks Suck.
The Hawks Suck. The Hawks Suck. The Hawks Suck. The
Hawks Suck. The Hawks Suck. The Hawks Suck. The Hawks
Suck. The Hawks Suck. The Hawks Suck. The Hawks Suck.
The Hawks Suck. The Hawks Suck. The Hawks Suck. The
Hawks Suck. The Hawks Suck. The Hawks Suck. The Hawks
Suck. The Hawks Suck. The Hawks Suck. The Hawks Suck.
The Hawks Suck. The Hawks Suck. The Hawks Suck. The
Hawks Suck. The Hawks Suck. The Hawks Suck. The Hawks
Suck. The Hawks Suck. The Hawks Suck. The Hawks Suck.
The Hawks Suck. The Hawks Suck. The Hawks Suck. The
Hawks Suck. The Hawks Suck. The Hawks Suck. The Hawks
Suck. The Hawks Suck. The Hawks Suck. The Hawks Suck.
The Hawks Suck. The Hawks Suck. The Hawks Suck. The
Hawks Suck. The Hawks Suck. The Hawks Suck. The Hawks
Suck. The Hawks Suck. The Hawks Suck. The Hawks Suck.
The Hawks Suck. The Hawks Suck. The Hawks Suck. The
Hawks Suck. The Hawks Suck. The Hawks Suck. The Hawks
Suck. The Hawks Suck. The Hawks Suck. The Hawks Suck.
The Hawks Suck. The Hawks Suck. The Hawks Suck. The
Hawks Suck. The Hawks Suck. The Hawks Suck. The Hawks
Suck. The Hawks Suck. The Hawks Suck. The Hawks Suck.

The Hawks Suck. The Hawks Suck. The Hawks Suck. The
Hawks Suck. The Hawks Suck. The Hawks Suck. The Hawks
Suck. The Hawks Suck. The Hawks Suck. The Hawks Suck.
The Hawks Suck. The Hawks Suck.

Chapter 6: More So Than Others?:

The Hawks Suck. The Hawks Suck.

The Hawks Suck. The Hawks Suck.

The Hawks Suck. The Hawks Suck.

The Hawks Suck. The Hawks Suck.

The Hawks Suck. The Hawks Suck.

The Hawks Suck. The Hawks Suck.

The Hawks Suck. The Hawks Suck.

Chapter 7: Ok, I get it…

The Hawks Suck. The Hawks Suck.

The Hawks Suck. The Hawks Suck. The Hawks Suck. The
Hawks Suck. The Hawks Suck. The Hawks Suck. The Hawks
Suck. The Hawks Suck. The Hawks Suck. The Hawks Suck.
The Hawks Suck. The Hawks Suck. The Hawks Suck. The
Hawks Suck. The Hawks Suck. The Hawks Suck. The Hawks
Suck. The Hawks Suck. The Hawks Suck. The Hawks Suck.
The Hawks Suck. The Hawks Suck. The Hawks Suck. The
Hawks Suck. The Hawks Suck. The Hawks Suck. The Hawks
Suck. The Hawks Suck. The Hawks Suck. The Hawks Suck.
The Hawks Suck. The Hawks Suck. The Hawks Suck. The
Hawks Suck. The Hawks Suck. The Hawks Suck. The Hawks
Suck. The Hawks Suck. The Hawks Suck. The Hawks Suck.
The Hawks Suck. The Hawks Suck. The Hawks Suck. The
Hawks Suck. The Hawks Suck. The Hawks Suck. The Hawks
Suck. The Hawks Suck. The Hawks Suck. The Hawks Suck.
The Hawks Suck. The Hawks Suck. The Hawks Suck. The
Hawks Suck. The Hawks Suck. The Hawks Suck. The Hawks
Suck. The Hawks Suck. The Hawks Suck. The Hawks Suck.
The Hawks Suck. The Hawks Suck. The Hawks Suck. The
Hawks Suck. The Hawks Suck. The Hawks Suck. The Hawks
Suck. The Hawks Suck. The Hawks Suck. The Hawks Suck.
The Hawks Suck. The Hawks Suck. The Hawks Suck. The
Hawks Suck. The Hawks Suck. The Hawks Suck. The Hawks
Suck. The Hawks Suck. The Hawks Suck. The Hawks Suck.
The Hawks Suck. The Hawks Suck. The Hawks Suck. The
Hawks Suck. The Hawks Suck. The Hawks Suck. The Hawks
Suck. The Hawks Suck. The Hawks Suck. The Hawks Suck.
The Hawks Suck. The Hawks Suck. The Hawks Suck. The
Hawks Suck. The Hawks Suck. The Hawks Suck. The Hawks
Suck. The Hawks Suck. The Hawks Suck. The Hawks Suck.

The Hawks Suck. The Hawks Suck.

The Hawks Suck. The Hawks Suck.

The Hawks Suck. The Hawks Suck.

The Hawks Suck. The Hawks Suck.

Epilogue: Final Declaration

The Hawks Suck.

The End.

Printed in Dunstable, United Kingdom